M. le baron morel de vindé

LETTRE

ADRESSÉE

A SIR CHARLES STUART,

AMBASSADEUR D'ANGLETERRE A PARIS ;

PAR

SIR JAMES GREGAN CRAUFURD,

CI-DEVANT ENVOYÉ EXTRAORDINAIRE ET MINISTRE PLÉNIPOTENTIAIRE DE SA MAJESTÉ BRITANNIQUE A LA COUR DE COPENHAGUE ;

Sur la nécessité d'établir un *Alien-Bill* en France.

IMPRIMERIE DE J.-L. CHANSON.

A PARIS,

CHEZ F. BÉCHET AINÉ, LIBRAIRE,
QUAI DES AUGUSTINS, N° 57 ;

DELAUNAY, LIBRAIRE, PALAIS-ROYAL.

1819.

LETTRE

A SIR CHARLES STUART,

AMBASSADEUR D'ANGLETERRE A PARIS.

~~~~~~~~~~~~~~~~~~~~~~~~~~~~~~~~~~~~~~~

Paris, 18 novembre 1818 (*).

Monsieur l'ambassadeur,

Je me propose de traiter les deux questions suivantes dans cette lettre :

1°. L'ordre que j'ai reçu de quitter la France, était-il juste ?

2°. Le Gouvernement français a-t-il le pouvoir de déporter un étranger sans lui faire son procès, et sans qu'il soit légalement condamné à la peine de déportation ?

(*) Cette lettre fut commencée le 18 novembre : sa publication a été différée jusqu'ici par des considérations particulières.
~~~~~~~~~~~~~~~~~~~~~~~~~~~~~~~~~~~~~~~

Je n'hésite pas à résoudre ces deux questions négativement.

Mais Votre Excellence trouvera peut-être au premier abord, qu'il y a des choses dans cette lettre qui ne sont pas strictement relatives au sujet : et en effet, ces questions sont d'ordre public, et je semblerai quelquefois y mêler ce qui paraît n'être que d'un intérêt privé et personnel.

Je me flatte cependant qu'en y réfléchissant, vous verrez qu'il n'y a pas *un seul mot* qui ne soit essentiellement relatif à la démarche publique que le Gouvernement français a faite en voulant me chasser de France.

D'abord, je ne puis pas m'empêcher d'exprimer combien il m'a paru dur de n'avoir pu obtenir un seul moment d'audience de Son Excellence M. le Ministre de la Police générale, au sujet de l'ordre que j'ai reçu de quitter la France.

J'attachais la plus grande importance à cette audience; car Votre Excellence sait aussi bien que moi qu'il est absolument impossible de produire par écrit l'effet qu'on espérerait, avec quelque fondement, voir sortir d'une conversation.

J'ai été cité trois fois à la Police comme un malfaiteur, ou, au moins, comme si j'avais été le plus obscur bourgeois de Londres; tandis que, j'ose m'en flatter, ma naissance et les places que j'ai occupées, et que j'ai remplies de manière à mériter l'approbation d'un des plus grands hommes d'État du siècle (Lord Grenville), peuvent me donner quelques droits à une audience du Ministre.

Puisque je me trouve appelé à justifier toute ma conduite dans cette affaire, je dirai quelques mots, avant d'entrer en matière, sur la lettre que j'ai écrite à M. le comte de Cazes, pour me plaindre de l'ordre qu'il m'a signifié de quitter la France.

Quelques-uns de mes amis ont blâmé les expressions de haute estime, de respect, et presque d'admiration qui se trouvent dans cette lettre.

Je le répéterai donc ici; quoique je ne saurais m'empêcher de penser que j'ai un peu à me plaindre de ce Ministre, je dirai *toujours*, *partout* et *hautement*, que j'admire ses talens, et que je respecte son caractère.

Ma sincérité sous ce rapport ne saurait être suspecte; car tous mes amis savent que j'ai toujours tenu ce même langage.

Je dis toujours précisément ce que je pense, M. l'Ambassadeur ! Je suis bien connu pour être à l'abri du reproche d'exagération comme de flatterie. Je ne m'occupe aucunement de la politique de ce Ministre. Il ne m'appartient pas, dans ma qualité d'étranger, d'agiter de semblables questions. Qu'il me soit permis cependant de dire, en passant, que mes affections, mes opinions personnelles sont toutes royalistes, ou même ultra-royalistes, si l'on préfère cette dernière expression. J'ai toujours abhorré la révolution française; et si je pouvais rétablir les choses comme elles étaient au commencement de 1789, je verserais mon sang pour le faire; mais comment voulez-vous que je n'admire pas les talens, et que je ne respecte pas le caractère d'un homme qui s'élève, à l'âge de M. de Cazes, à la place de ministre influent de la monarchie française, et auquel, malgré tout l'acharnement de ses ennemis, je n'ai jamais entendu faire le plus petit reproche personnel?

Voilà ce que je me suis trouvé *obligé* de dire pour justifier la lettre qne j'ai écrité à M. de Cazes: sans cela je ne l'aurais pas dit; car je serais fâché d'avoir l'air de le flatter.

Mais d'où vient ce refus de m'accorder un seul moment d'audience?

Suis-je donc mal vu des Ministres de l'auguste Maison de Bourbon, parce que je l'étais de Buonaparte?

Je demanderai à présent la permission à Votre Excellence de lui dire quelques mots sur mon affaire avec cet illustre aventurier; affaire dont cependant je ne parlerais sûrement pas, si ce que je vais dire n'était strictement relatif au sujet de cette lettre. Je ne me suis jamais donné la peine de l'expliquer; je ne pouvais pas le faire à l'époque de mon évasion de France, quand mon oncle et mon frère étaient encore sous la griffe du monstre. Mon frère surtout était dans l'état de santé le plus cruel, et avait par conséquent grand besoin de l'indulgence de cet homme. Je ne pouvais pas m'expliquer sans dire des choses très-offensantes pour Buonaparte, et je savais assez qu'il était capable de se venger de ses griefs contre moi sur mes parens ; j'ai donc supporté ses accusations en silence ; j'ai gardé ce silence pendant *quatorze ans*, et il m'a fallu une occasion comme celle-ci pour m'engager à le rompre.

J'entre en matière.

J'ai fait un voyage en France au printemps de 1803, pour voir mon oncle et mon frère souffrant alors de la manière la plus cruelle, des blessures extraordinaires qu'il avait reçues en combattant à l'armée de Condé pour la cause de la maison de Bourbon ; blessures qui lui ont valu vingt-deux ans de souffrances, et dont il se ressentira jusqu'à son dernier soupir. (Il a eu la moitié du crâne emporté.)

J'étais alors Envoyé extraordinaire et Ministre plénipotentiaire à la cour de Copenhague, absent par congé. Au bout d'un mois de séjour à Paris, Buonaparte conçut des soupçons sur moi. Il demanda un jour à M. de Talleyrand ce que je faisais à Paris, et pourquoi je n'allais pas à mon ambassade. M. de Talleyrand lui répondit que j'étais venu voir mon oncle et mon frère. Buonaparte lui répliqua qu'il avait lieu de croire que *je soufflais la mésintelligence*, et qu'il *serait enchanté de me voir partir*. M. de Talleyrand dit ceci à mon oncle, qui me le redit un jour à dîner chez lord Whitworth, alors ambassadeur d'Angleterre à Paris. Je répondis à mon oncle, que, puisqu'il en était ainsi, je partirais sur-le-champ, crainte de les exposer, lui et mon frère, à la vengeance du tigre.

Je partis donc le lendemain pour m'en retourner en Angleterre et de là me rendre à ma destination. J'avais un passe-port du gouvernement français; au coin était écrit : « Bon » pour un mois ».

Pendant que j'attendais un vent favorable à Calais, l'ordre arriva de Paris de m'arrêter, *avant l'expiration de la première semaine du mois que Buonaparte m'avait accordé!*

Je fus conduit à Valenciennes. J'écrivis à

M. de Talleyrand plusieurs fois en lui retra-
çant toutes les circonstances de mon affaire;
je lui rappelais le caractère dont j'étais revêtu
qui aurait dû me mettre à l'abri de toute
violence, surtout n'ayant rien à me reprocher
contre les lois du pays. Je lui représentais en
même temps qu'en supposant que j'eusse été
un simple particulier sans fonctions, au lieu
d'avoir un caractère sacré, Buonaparte *violait
sa parole* en me faisant arrêter avant l'expiration du délai qu'il m'avait accordé, surtout,
je le répète, puisqu'il ne pouvait me trouver
aucun tort envers lui, puisqu'il n'avait contre
moi que les soupçons d'un esprit ombrageux,
qui exerçait avec un égal et cruel plaisir ses
vengeances ou plutôt ses fureurs indistincte-
ment sur hommes, femmes et enfans. Oui!
M. l'Ambassadeur, il y avait à Valenciennes
où j'étais détenu, des enfans de *quatorze* ans
aux parens desquels il refusait la permission
de les envoyer en Angleterre pour leur édu-
cation.

*M. de Talleyrand ne m'a jamais honoré
d'un seul mot de réponse.*

Je fus donc conduit à Valenciennes. Au bout de quelques mois je suis tombé malade; ma maladie fut longue et dangereuse; ni les médecins de Valenciennes, ni ceux des environs, ne pouvaient rien faire pour moi. J'ai demandé la permission de venir à Paris pour me faire traiter. J'offrais de me mettre dans un hôpital, ou maison de santé, et de rester sous la surveillance d'un gendarme, puisque Buonaparte me faisait l'honneur de craindre mes intrigues. Tout fut refusé; et mon oncle qui était alors à Paris et auquel je m'étais adressé pour tâcher d'obtenir cette singulière faveur, m'écrivit qu'il n'y avait pas moyen de rien obtenir pour moi, que M. de Talleyrand le lui avait dit, et qu'il avait donné pour raison que le consul *m'avait pris en grippe.* (Buonaparte n'était pas encore empereur.)

Quelque temps après, j'appris de Londres que ma femme et mon fils aîné étaient tous les deux dangereusement malades. Je demandai la permission d'aller les voir. Je demandai une permission de deux mois, cela fut

refusé : ce fut alors que je me décidai à partir.
Je partis en effet, et Buonaparte *qui avait
commencé par violer sa parole* avec moi,
d'une manière qui aurait déshonoré le prince
asiatique le plus perfide et le plus corrompu,
et qui m'avait traité avec toute la barbarie et
toute la bassesse de son caractère, m'accusa
d'avoir manqué à *ma parole* (*).

(*) Parmi les différens efforts qu'on a faits récemment
pour me dénigrer de toutes manières, on a dit que le
Gouvernement m'avait ôté ma place diplomatique parce
que j'avais violé ma parole, en quittant la France, et
qu'on m'avait défendu de paraître à la cour en Angleterre,
par la même raison.

Puisque le sujet de cette lettre m'a conduit à parler
de cette affaire, il faut que je réponde une fois pour
toutes à ces misérables allégatious.

D'abord, ayant été détenu dix-huit mois en France,
le Gouvernement anglais s'est trouvé obligé de nommer
un Ministre à Copenhague à ma place, *long-temps avant
mon évasion.*

Je n'ai donc pas perdu ma place parce que je me suis
évadé.

Et loin de m'avoir jamais défendu de paraître à la cour,
le Gouvernement anglais ne m'a *jamais* témoigné le

Voilà, M. l'Ambassadeur, mes rapports avec Buonaparte.

Ne serait-il pas d'une destinée trop cruelle et trop bisarre d'avoir été détenu, emprisonné, traité avec la dernière barbarie par Buona-

---

moindre déplaisir de mon départ ; *jamais*. Je n'ai *jamais* manqué de paraître régulièrement à la cour.

En outre, on m'a donné ma pension de retraite, comme ancien Ministre.

Si je n'ai pas été employé depuis, c'est d'abord que le seul Ministre dont je pouvais attendre quelque chose, lord Grenville, a toujours été dans l'opposition ; et de plus, j'ai déclaré formellement aux Ministres actuels, comme à leurs prédécesseurs, que, sans être éloigné de servir, je ne vonlais plus d'emplois secondaires, après avoir servi dix ou douze ans, de manière à mériter l'approbation la plus marquée de l'un des plus grands hommes d'État de mon siècle ; je veux dire lord Grenville.

Puisqu'on a tâché de surprendre à mon égard la religion du Roi et de ses Ministres, je devais à moi-même et à mes enfans, de montrer que toutes les accusations portées contre moi sont fausses, et que je n'ai jamais rien fait qui puisse mériter l'improbation de quelque Prince ou de quelque Gouvernement que ce soit.

parte, en haine de mes sentimens bourbo-
niens, et de me voir chassé de France sous
l'auguste maison de Bourbon pour une tracasserie de famille ? Je me flatte au contraire
que je pourrais sans présomption demander
le *droit de cité* en France, sous le règne de
cette auguste maison ; car les souffrances
de ma famille pour leur cause sacrée et les
miennes propres ont été telles qu'il me
semble, je le répète, que moi, chef de cette
famille, je pourrais demander le droit de cité
comme une récompense, comme un témoignage de l'approbation et de la satisfaction de
Sa Majesté le Roi de France ! Sa Majesté a
comblé d'honneurs et de bonté le prince de
Hohenlohe pour les services qu'il a rendus
à la maison de Bourbon et à la noblesse
française. Loin de moi l'idée de déprécier les
services de son Altesse Sérénissime ; ses vertus
et ses talens me sont connus : mais, je crois
pouvoir dire, sans l'offenser, que mes frères
et moi avons eu le bonheur de prouver à la
maison de Bourbon et à la noblesse française
un dévouement qui pourrait (et c'est assu-

rément tout dire) sans lui faire tort, être comparé au sien.

' Mon frère, le général Craufurd, pendant qu'il était ministre d'Angleterre à l'armée de Condé, se faisait un devoir, en même temps qu'il remplissait ses fonctions diplomatiques, de payer régulièrement de sa personne, et j'ose dire qu'il a servi à cette armée avec autant de distinction que tous ces braves gentilshommes français qui y prodiguaient leur sang pour le rétablissement de cette antique et glorieuse monarchie, renversée par la révolution la plus exécrable et la moins excusable qui ait jamais ravagé le monde.

Un autre de mes frères qui a eu l'honneur d'être fort connu de Votre Excellence, M. l'Ambassadeur, le général Robert Craufurd, celui qui commandait l'avant-garde du duc de Wellington en Espagne, et qui fut tué au siége de Cividad-Rodrigo, officier que le duc de Wellington estimait au moins à l'égal des premiers officiers de son armée, et qui fut employé à l'armée de Condé en même temps que son frère aîné, a été également connu par son zèle pour la Maison de Bourbon, par son dévouement personnel aux princes et par les services qu'il se faisait un devoir comme un bonheur de rendre à la brave et malheureuse noblesse française.

J'en appelle pour la vérité de tout ce que je viens de dire à leurs Altesses Royales, Messeigneurs les ducs d'Angoulême, et de Berri, alors à l'armée de Condé. J'invoquerais, s'il pouvait m'entendre, le témoignage du héros que la France pleure depuis plusieurs mois, de l'illustre chef de l'armée royale, qui a si dignement soutenu l'immortel éclat du nom le plus difficile à porter ; j'en appelle au prince si digne d'être son fils et son successeur, comme il a été l'émule et le compagnon de sa gloire, son Altesse, Monseigneur le duc de Bourbon ; j'en appelle à toute la noblesse française qui se trouvait à cette armée ; et, si je pouvais me permettre une pareille hardiesse, j'invoquerais même l'auguste témoignage de Sa Majesté, qui pendant quelque temps a honoré la brave armée de Condé de sa présence.

Quelle que soit ma répugnance à parler de moi-même, j'ajouterai, en passant, que mon plus grand plaisir a toujours été, comme c'était incontestablement mon devoir, de rendre, comme Ministre d'Angleterre, tous les services possibles à la noblesse française : je dis comme Ministre d'Angleterre ; car je n'ai jamais eu l'impertinence de prétendre leur avoir rendu des services personnels, et cette noblesse m'a prouvé d'une manière flatteuse et touchante qu'elle n'a pas oublié mes humbles efforts ; car, lorsque M. le duc de Duras m'a présenté au roi, à Londres, au moment où Sa Majesté y arrivait de Hart-Well, pour retourner en France, il a dit avec toute la noblesse et toute la générosité de son caractère : « Sire ! sir James Craufurd qui a » eu tant de bonté pour la noblesse française » à Hambourg ».

Il me sera permis, j'espère, avant de quitter ce triste souvenir des souffrances et des maux que ma famille a supportés pour cette noble cause, de rappeler encore ici le plus grand de tous mes malheurs, la plus cruelle de toutes les pertes que j'ai faites dans cette guerre sacrée ; la perte de mon fils aîné, jeune homme de la plus haute espérance, tué à la bataille de Waterloo.

Là se défendait, ou je me trompe fort, la cause des Bourbons comme celle du monde entier, et quelle que soit la disgrace dans laquelle je puis être tombé auprès de quelques branches de cette auguste maison, et quelle que soit la malveillance que quelques-uns de leurs adhérens me temoignent dans ce moment-ci, ce sera toujours une douce consolation pour moi, puisque le ciel a voulu que je perdisse un fils, que je pleurerai jusqu'à mon dernier soupir, de penser que son sang, puisqu'il devait être versé, s'est mêlé au torrent de tout le noble sang anglais répandu depuis vingt-cinq années, pour relever le trône des Bourbons !

Mais, après tout ce que je viens de dire, M. l'Ambassadeur, devais-je m'attendre qu'au lieu de me donner une marque d'honneur, on aurait voulu me chasser de France à cause d'une tracasserie de famille dans laquelle un grand seigneur français a jugé à propos d'intervenir. Et ce n'est pas tout : il y a un second grand seigneur, un des chefs de cette noblesse, à laquelle mes frères et moi avons rendu tant de services, qui, prenant fait et cause pour le premier, *n'a pas rougi* de vous demander de m'empêcher de venir à la cour.

Je le sais; car il ne s'en cache pas.

Je conseille cependant à ce grand seigneur de penser à ses propres affaires, et de ne pas se mêler des miennes.

Je serais tenté, M. l'Ambassadeur, de croire qu'il y a ici une sorte de vertige.

Si j'ai le malheur de déplaire à un souverain, il est tout simple qu'il me défende de paraître à sa cour; mais, c'est pour la première fois de ma vie que j'entends dire qu'on pourrait défendre à un gentilhomme, dont la naissance n'est nullement inférieure à celle de ces Messieurs, de paraître à la cour, parce qu'il aurait offensé un des grands officiers du souverain.

Est-ce bien la cour du souverain, ou est-ce la cour de ses grands officiers ?

Où, ces messieurs se croient-ils *associés à la souveraineté ?*

Au reste, M. l'Ambassadeur, *ce n'est, ni en faisant chasser son adversaire du royaume, ni en l'empêchant de paraître à la cour, qu'un gentilhomme se venge.*

Contre quelle loi ai-je péché ? contre aucune.

Si je pèche contre les lois françaises, qu'on me punisse comme on punirait et comme on devrait punir, et comme la justice et le bon droit exigent qu'on punisse le gentilhomme français le plus dévoué à la Maison de Bourbon ; *mais pas autrement.*

On ne bannirait pas un gentilhomme français pour une tracasserie de famille. Pourquoi donc me bannir, moi, qui, en fait de zèle pour la Maison de Bourbon, ose me comparer à quelque gentilhomme français que ce soit ?

Jusqu'ici, M. l'Ambassadeur, je me suis contenté de dire qu'on ne *doit* pas me renvoyer de France. A présent j'aborderai la question de droit public et je dirai, avec tout le respect possible pour sa Majesté et pour son Gouvernement (et certes personne ne porte ce respect plus loin), que le Gouvernement français, selon sa Charte constitutionnelle, n'a ni le droit, ni le pouvoir de renvoyer un étranger sans lui faire son procès, puisqu'il n'y a point d'Alien-Bill en France; et je crois rendre service, non seulement à mes compatriotes, mais à toutes les nations de l'Europe, puisque les voyageurs de toutes les nations viennent en France, en éclaircissant cette question.

D'abord, je dis que nous vivons tous en France, étrangers comme Français, sous la protection de la Charte.

Sa Majesté Louis XVIII est trop éclairée, et est trop disposée à observer fidèlement la constitution qu'elle a donnée, pour qu'elle puisse vouloir un instant exercer contre qui que ce soit, Français ou étranger, un pouvoir qui ne se trouve pas dans la Charte. Un Monarque qui, outre tous les autres traits de ressemblance qui rappellent tous les jours l'héroïque Henri au souvenir des Français, ne le rappelle en rien plus que par la noble franchise, par l'inappréciable sincérité qui brillaient si éminemment dans le caractère de son auguste aïeul ; ce Prince, dis-je, ne saurait vouloir ne pas observer fidèlement la Charte. Ainsi le Monarque constitutionnel ne saurait me blâmer de ce que j'ose parler un langage constitutionnel, *car la Charte m'en donne le droit.*

Me fiant donc à la parole royale de Sa Majesté, et à la permission que donne une Charte constitutionnelle de parler en langage constitutionnel, j'ose dire que le Gouvernement français n'a pas le droit, ni par la Charte, *ni par aucune loi française*, de chasser un étranger de France, à moins que cet étranger n'ait été légalement jugé, et condamné à la déportation, par une sentence des tribunaux ; car jusqu'ici il n'y a point d'Alien-Bill en France, et je ne saurais supposer que Sa Majesté, ni son Gouvernement, veuille exercer un pouvoir purement arbitraire, un pouvoir à ce point dur et despotique. N'y a-t-il pas, en effet, des étrangers pour qui leur pays adoptif n'est pas moins cher (quelquefois il l'est davantage) que leur pays natal? Un étranger est peut-être établi en France, ou bien il y a des affaires du plus haut intérêt, des affaires tellement importantes qu'il y va de sa fortune, ou il peut y être retenu par des affections chères à son cœur; enfin, je le répète, son pays adoptif lui est peut-être encore plus cher que son pays natal; et cependant, quoiqu'un Gouvernement constitutionnel soit établi en France, on voudrait, sans y être autorisé par aucune loi, le bannir, c'est-à-dire lui infliger une des peines les plus sévères du code pénal, de quelque pays que ce soit, parce qu'il a déplu à un des grands officiers de la cour!!!

Je le demande hautement; qu'on me montre, Monsieur l'Ambassadeur, la loi qui donne au Gouvernement français le droit de chasser un étranger?

Mais non-seulement on ne peut pas produire une loi qui autorise le bannissement arbitraire d'un étranger; on ne peut le faire

sortir du royaume sans une violation positive, manifeste, et flagrante d'une des pre-
mières et des plus importantes lois, base et
soutien de la liberté civile. Je veux dire la loi
qui défend les arrestations arbitraires.

Par exemple, on me donne ordre de quitter
la France en trois fois vingt-quatre heures.
(Je l'ai reçu cet ordre). Je n'obéis pas. On
envoie pour m'arrêter : « En vertu de quelle
» loi, je demande, voulez-vous m'arrêter?
» Pourquoi? Qu'est-ce que j'ai fait? Quel est
» mon crime? »

« C'est pour vous faire sortir de France. »

« En vertu de quelle loi? Vous n'en avez
» pas le droit. »

« Cependant je vous arrête. »

« Vous n'en avez pas le droit. Les arres-
» tations arbitraires sont défendues par la
» constitution et par les lois françaises. Je
» refuse de me rendre. »

« J'userai donc de force. »

On commence effectivement à employer la
force. Je me défends, et je tue le gendarme
ou l'officier de police qui veut m'arrêter.

A présent, je le demande au premier ju-risconsulte de France, ne serais-je pas jus-tifié en tuant un homme en pareil cas ?

Voilà donc ce que l'on gagne à laisser les choses dans cet état incertain entre le ré-gime constitutionnel et le despotisme.

Je suis confondu quand j'ouvre l'Almanach royal, et quand je vois, dans le département de la Préfecture de Police (1), qu'il y a un chef de division chargé spécialement de la surveillance de la maison de refuge, dite St-Michel, et *de tout ce qui peut être relatif aux affaires secrettes des familles.* Cela est-il constitutionnel, et surtout cela est-il li-béral?

Est-il digne du Gouvernement de cette grande monarchie, qui a toujours prétendu tenir la première place parmi les monarchies de l'Europe, de se mêler des affaires de mé-nage, et surtout des affaires des *ménages étrangers ?*

---

(1) *Voyez* Préfecture de Police, première division, Almanach Royal, page 806.

Qu'est-ce qu'un Gouvernement a à faire dans mes affaires de ménage, si elles ne troublent pas la paix publique ?

Cette intervention dans les affaires de famille est tout-à-fait de l'ancien régime. On justifiait même les lettres de cachet, en alléguant qu'elles sauvaient souvent l'honneur des familles.

La Constitution voudrait-elle faire revivre ce système ?

Ce serait bien le cas de dire, *que les extrêmes se touchent.*

Mais, au moins, si nous autres Anglais devons être assujétis à un régime si étrange pour nous, régime qui ne nous laisserait certainement pas le droit de représailles en Angleterre ; si nous devons être assujétis à toute la rigueur des lois françaises, même dans les choses qui ne concernent pas le Gouvernement, au point que la police doive intervenir dans nos affaires de famille ; si enfin nous devons être assimilés aux Français d'une manière si choquante pour nos mœurs, et si peu conforme à notre caractère national, qu'on nous permette au moins, pour nous dédommager de ce qui nous paraît bien dur, de jouir, *autant que cela se peut*, des droits dont jouissent les Français, même en Angleterre ; du droit, je veux dire, de ne pas être bannis de France avant qu'il y ait un Alien-Bill.

Un régime constitutionnel, même libéral, qui se mêle des affaires de ménage ! qui voudrait infliger une des peines les plus dures du code pénal, pour une tracasserie de famille ! Oui, je dis une des peines les plus dures, car, dans la gradation des peines, je ne connais rien, après la mort et les peines corporelles ou infamantes, de plus cruel que l'exil.

Je pourrais aussi poursuivre juridiquement le magistrat qui lancerait un mandat d'arrêt contre moi, sans y *être autorisé par une loi positive*.

Avant l'établissement de l'Alien-Bill, le roi d'Angleterre ne pouvait pas chasser un étranger de l'Angleterre, même par droit de représailles, quoiqu'on chassât arbitrairement

et despotiquement les sujets anglais des autres pays de l'Europe.

Par exemple, feu milord Bristol a été
chassé de France par un ordre arbitraire,
sous le règne de Louis XVI ; mais malgré
cela, je le répète, avant l'établissement de
l'Alien-Bill, le roi d'Angleterre ne pouvait pas
renvoyer un Français ; et c'est pour suppléer
à ce qui était ainsi refusé au pouvoir royal, en
Angleterre, qu'on a établi l'Alien-Bill, en 1793,
parce qu'on sentait au commencement de la
guerre révolutionnaire la nécessité de donner
ce pouvoir au roi, afin de purger le sol anglais des *libéraux* qui accouraient en foule ;
car le peuple anglais, quoiqu'on ait pu dire
et écrire, n'aime guère mieux les libéraux,
les doctrinaires, et tous ces honnêtes gens
là que le peuple espagnol (1) ne les aime.

---

(1) On verra par l'anecdote suivante de quel œil ils
sont vus en Espagne.

Quand le duc de Wellington était en Espagne,
ayant affaire un jour à un riche paysan, l'un des
fournisseurs de son armée, il lui demanda dans le cours

Et même, par *l'Alien-Bill*, en Angleterre, un étranger qui reçoit l'ordre de quitter le royaume a le droit d'en appeler au conseil privé et de protester contre l'ordre ; tandis que j'ai reçu l'ordre de partir, en trois fois vingt-quatre heures : par conséquent on ne me donnait pas le tems de m'adresser au conseil privé de France, comme un Français peut s'adresser au conseil privé en Angleterre. J'ai donc été traité ici, en France, où il n'y a point *d'Alien-Bill*, et où par conséquent le Gouvernement n'a pas le droit de renvoyer un étranger, plus durement qu'un Français ne serait traité en Angleterre, *à moins qu'on ait voulu m'assimiler au général Gourgaud.*

J'ai donc été traité plus durement en France, où le Gouvernement n'est *point armé* du pouvoir de déporter les étrangers, qu'on ne traite les étrangers en Angleterre où le Gouvernement est *armé* de ce pouvoir.

---

de la conversation s'il y avait beaucoup de *libérales* dans cette partie du pays. Le paysan lui répondit qu'il y en avait beaucoup *sur les grands chemins.*

Je demande encore une fois à la Noblesse Française :

Aurait-on *imaginé*, il y a quelques années, que ce serait un Craufurd qu'on choi-
sirait pour la première victime d'une rigueur pareille ?

Quand je parle ici de ce que le Roi peut
ou ne peut pas faire, je ne parle pas du
Roi personnellement ; je parle du Gouvernement, et j'emploie le véritable style constitutionnel. Dans le Parlement d'Angleterre,
on critique, et souvent très-amèrement, le
discours du Roi ; mais le membre qui le critique emploie la formule suivante : « Je dois,
« M. l'Orateur, » (car il s'adresse toujours,
comme on sait, à l'Orateur de la chambre),
« je dois, Monsieur, regarder le discours
» du Roi comme le discours du Ministre. »
Car, dans un Gouvernement constitutionel,
tous les actes et *toutes les paroles* du Roi
sont censés être les actes et les paroles
du Ministère. Dans une monarchie constitutionnelle, le Roi ne saurait rien faire ; car
un tel Gouvernement suppose la responsa-

bilité, et le Roi ne saurait jamais être responsable. Que serait, en effet, dans la société humaine, un être qui aurait la faculté d'agir sans être responsable de ses actions? Il n'est pas besoin de dire que ce ne serait plus une monarchie constitutionnelle; ce serait bien certainement une monarchie absolue, enfin le despotisme.

Permettez-moi, Monsieur l'Ambassadeur, de rappeler ici une anecdote qui ne me paraît pas hors de propos.

Henri IV fut prié par ses Ministres de punir un auteur qui avait écrit des satires contre la cour. «Il serait contre ma conscience,» dit ce bon prince, «de punir un » homme pour *avoir dit la vérité.* »

Henri IV ne voulait donc pas punir un obscur auteur pour avoir écrit des satires contre ses courtisans. Le petit-fils de Henri IV voudrait-il punir un gentilhomme qui, comme sa famille entière, a prouvé, de toutes les manières possibles, son dévouement à l'auguste Maison de Bourbon; et le punir pour cela seulement qu'il a fait au capitaine des gardes de Sa Majesté des représentations bien légitimes, impérieusement commandées par son devoir rigoureux de PÈRE DE FAMILLE?

Quelles ont été, en effet, mes représentations à Messieurs le duc de Grammont et le duc de Guiche?

Elles ont uniquement été le résultat du véritable et rigoureux accomplissement d'un devoir de famille, d'un devoir paternel. Votre Excellence en sera convaincue, si elle daigne entrer dans la connaissance de tous les détails de ma conduite, relative à cette déplorable discussion domestique; conduite, qui, j'ose le croire, me laisse digne de la protection généreuse que vous avez bien voulu m'accorder, et que j'espère que vous me continuerez. Je ne saurais vous en témoigner suffisamment ma reconnaissance; je n'avais nul droit de vous demander des faveurs; mais vous avez été mû par ces principes de justice et de générosité, qui ne vous distinguent pas moins que les talens éminens qui vous ont porté, jeune encore, à une des plus belles places de l'Etat.

Ce sont ces principes qui vous ont engagé à protéger un gentilhomme d'une conduite irréprochable; un ancien Ministre, éminemment honoré de l'approbation de sa cour; un père de famille malheureux, quand ce Gouvernement dont, il le répète, il croyait pouvoir, sans présomption, attendre des marques d'honneur, a voulu lui infliger une marque de déshonneur en le chassant du royaume. C'est alors, Monsieur l'Ambassadeur, que vous êtes intervenu généreusement pour faire valoir les droits de la justice et de l'hospitalité nationale.

Je me flatte qu'à présent je ferai valoir les droits de la Constitution Française.

J'ai l'honneur d'être avec la considération la plus distinguée,

Monsieur l'Ambassadeur,

De votre Excellence, le très-humble et très-obéissant serviteur.

James Gregan CRAUFURD.

www.ingramcontent.com/pod-product-compliance
Lightning Source LLC
Chambersburg PA
CBHW061706060726
47597CB00006B/2215